¿Por qué el agua vale la pena?

¿POR QUÉ EL AGUA VALE LA PENA?

Escrito por Lori Harrison
Ilustraciones de Jon Harrison
Diseño conceptual y de la cubierta: 522 Productions
Traducción: José Luis García Quintana

Publicado y distribuido por Water Environment Federation en 2019.

ISBN: 978-1-57278-364-5
Impreso en los Estados Unidos

Manos pequeñas, GRANDES superhéroes.

Dedicado a la próxima generación de protectores del agua.

Ilustración de superhéroe del agua. Penelope. 7 años.

Este cuento habla sobre el agua y todo su atractivo.

Crea vida y mantiene a los seres vivos.

El agua limpia nos mantiene sanos,
fuertes y en forma; ahora y en el futuro,

pero necesitamos a ella un acceso seguro.

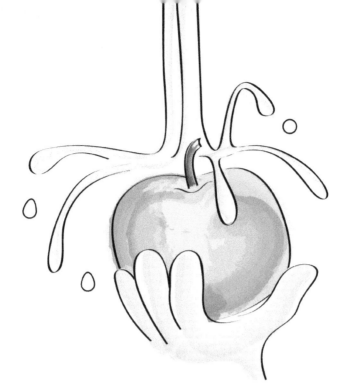

La necesitamos para beber, para comer y para limpiar.

Nos ayuda a jugar, a trabajar y a pensar.

Necesitamos agua limpia y
eso es difícil de ignorar.

Ha salvado muchas vidas y
puede salvar muchas más.

Necesita nuestro respeto y hay mucho que podemos hacer...

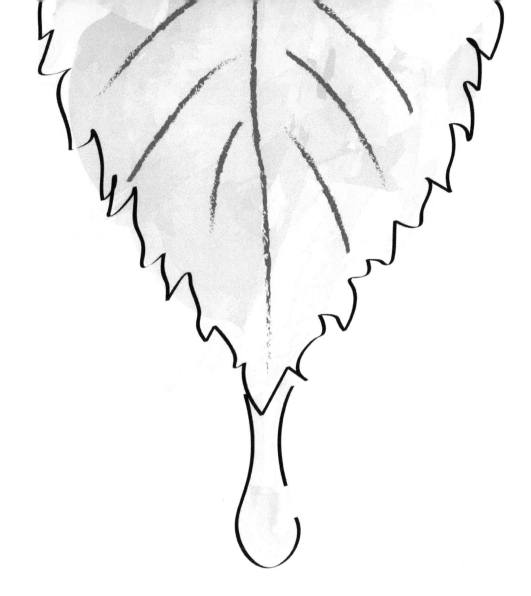

Para cuidar el agua y el medio ambiente también.

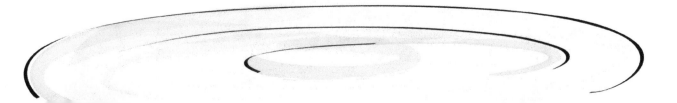

¿Quién la hace trabajar?, ¿quién la mueve?

¿Cuánto esfuerzo es necesario para que el agua limpia se renueve?

Una valiosa red con vida propia,

que muchas veces se pasa por alto
y no nos llega a la memoria.

Recorre un inmenso sistema, aquí y allá, bajando y subiendo.

Y necesita de nuestro esfuerzo para que siga fluyendo.

Gente con pasión por lo que hacen…

Y que trabajan duro para mantener el agua
limpia, para mí y para tí, en su viaje.

La mantienen en movimiento, con plantas, bombas y tuberías…

Con todo tipo de filtros, desagües y cañerías.

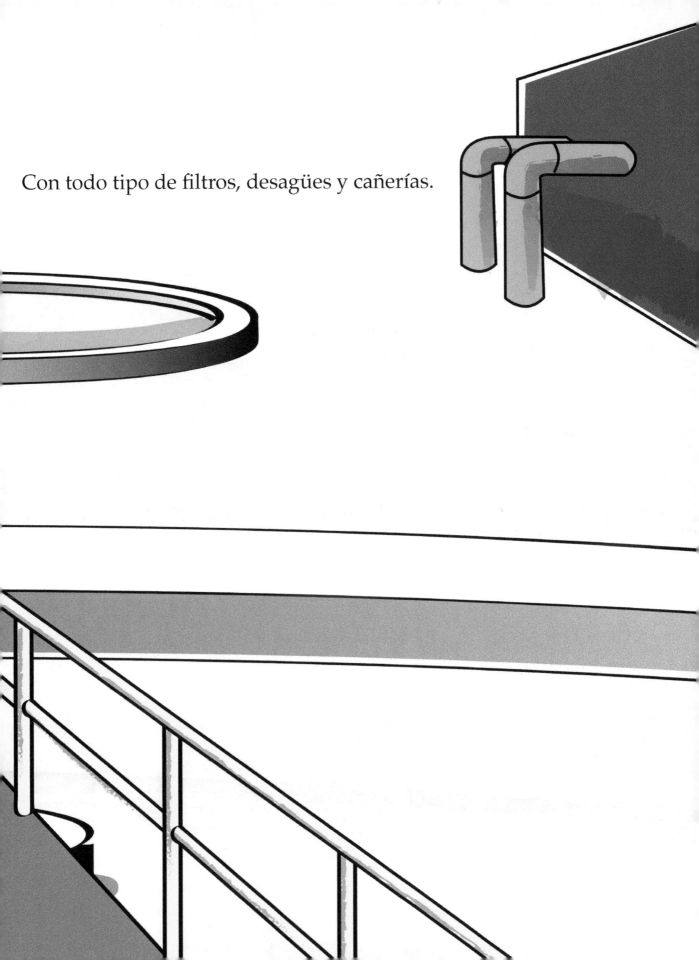

Todos somos parte de este círculo,
todos vivimos con la corriente.

Todos estamos juntos en esto,
somos parte de un mismo frente.

Todos usamos agua…

…y también creamos desperdicios.

Por eso, necesitas agua y

el agua necesita
de tus servicios.

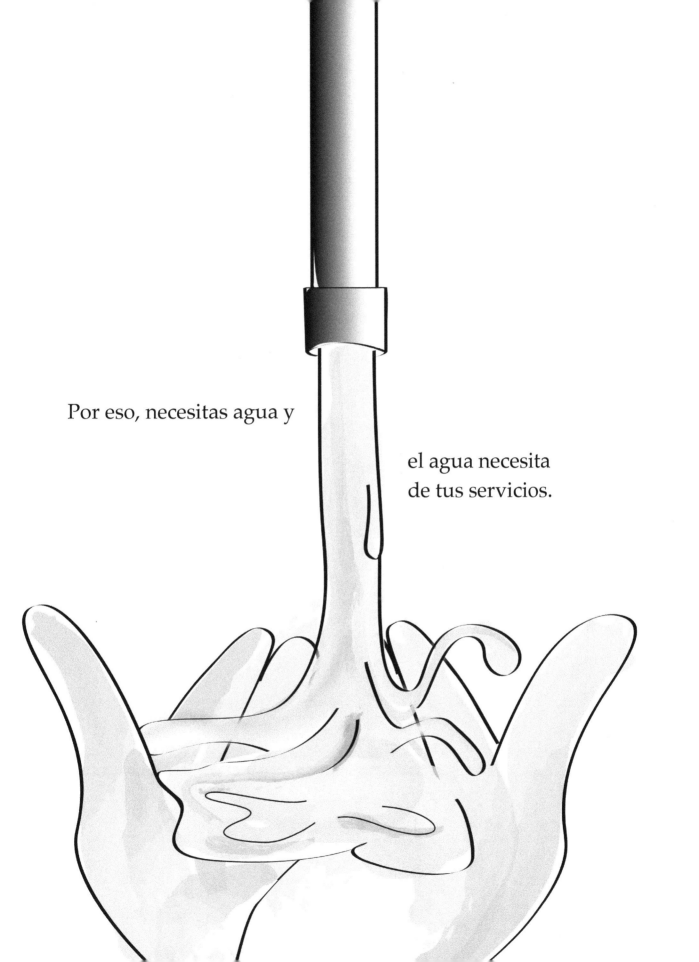

Cuando todo ha acabado, al final del día...

A un pequeño esfuerzo le queda un largo camino todavía.

Y… ¿Qué pasa con el futuro?, ¿qué se puede hacer…

para controlar el agua y mantenerla también?

¡La innovación y la tecnología
ayudarán a salvar el día!

Se debe reciclar el agua y mantener
la polución lejos de las tuberías.

Nuestros actos, grandes y pequeños, dejan una gran huella.

Debemos poner de nuestra parte, por nosotros y por ella.

Todo importa; ¡cuánta verdad!

Es por ello que creo que

El agua vale la pena para ti.

PEQUEÑAS ACCIONES HACEN
UN GRAN IMPACTO
Algunos consejos para marcar la diferencia:

Sé cuidadoso con lo que tiras por el inodoro. Todo lo que desechas por la tubería o por el desagüe acabará en la planta de tratamiento local. Si no tiene que bajar por el inodoro, sé responsable y recíclalo.

Lee la factura del agua con tus padres y competid por ver quién es el que más puede reducir su consumo de agua. Tu comunidad y nuestro medio ambiente te lo agradecerán.

Cierra el grifo mientras te cepillas los dientes.

Pon un temporizador e intenta reducir las duchas a 5 minutos. Se necesitan más de 135 litros de agua para llenar una bañera de tamaño medio. Ahorrarás más del doble de agua si en lugar de bañarte, te duchas.

Cuidado con las fugas. Un inodoro con escapes de agua gasta alrededor de 755 litros diarios. Pide ayuda a un adulto y pon una pizca de colorante para comida en el tanque del inodoro. Si el agua se colorea sin tirar de la cisterna, entonces tienes una fuga.

Instala un bidón, así podrás reutilizar el agua para regar tu jardín.

Recoge los regalitos de tu perro y tíralos a la basura.

¡Abre tu mente! Consulta recursos online, busca en una biblioteca o dile a un adulto que te lleve de excursión a la planta de tratamiento local. Así podrás aprender cómo se maneja el agua, los residuos y el agua de la lluvia donde vives.

Participa en los días de recogida de residuos de tu comunidad, festivales medioambientales o jornadas de concienciación sobre el agua.

Elige reutilizar. Cambia la bolsa de plástico de un solo uso y los productos de papel por otros reutilizables, como botellas y pajitas de acero, bolsas de tela, silicio o cera de abeja y utiliza cepillos de dientes de bambú.

Dales las gracias a nuestros héroes del agua. Escribe una carta, haz una tarjeta o envía un correo electrónico a los profesionales del agua en tu ciudad y agradéceles el inestimable trabajo que hacen cada día. Gracias a ellos tenemos acceso a agua limpia y segura, así como a servicios de tratamiento de residuos.

NECESITAS AGUA. EL AGUA TE NECESITA A TI.

El agua no se produce. Bebes exactamente la misma que tomaban los dinosaurios hace más de 66 millones de años.

Los seres humanos podemos sobrevivir varias semanas sin comida, pero solo un par de días sin agua. Esto ocurre porque entre 60 y el 75% de nuestro cuerpo… ¡Es agua! De hecho, ella compone el 31% de nuestros huesos.

La recolección y tratamiento de agua y aguas residuales son los modos más importantes de proteger la salud pública.

Los egipcios fueron los primeros en documentar métodos de tratamiento de agua, ¡en el año 400 a.C.! Limpiaban el agua con técnicas muy diversas: hirviéndola sobre el fuego, calentándola con el calor del Sol o mediante el contacto con una pieza de metal muy caliente.

Los profesionales que trabajan en las plantas de tratamiento emplean la innovación y la tecnología para tratar el agua y al mismo tiempo, producir inestimables recursos, como agua limpia, energía renovable, fertilizantes naturales, nutrientes y combustible.

Los primeros atisbos de infraestructuras de agua y aguas residuales (las tuberías y desagües por los que circula el agua), datan de hace más de 5.000 años. La Cloaca Máxima, en Roma (Italia) tiene más de 2.500 años y es uno de los sistemas de aguas residuales y de lluvia más longevos actualmente en uso.

Los Estados Unidos tienen más de 1,2 millones de kilómetros de tuberías de agua y más de 1,1 millones de kilómetros de tuberías residuales. Si las uniéramos, podríamos dar la vuelta al mundo ¡60 veces!

Tirar en el inodoro algo que no sea agua usada o nuestros desechos puede causar muchos problemas. La acumulación de residuos como grasas, comida o toallitas puede atascar y romper alcantarillas. En Londres (Reino Unido) uno de estos tapones llegó a tener el tamaño de un bus… Y otro, ¡era tan grande como una ballena azul!

Todos tenemos que aprender a reciclar, reducir y reutilizar. Si no actuamos ahora, terminaremos produciendo un 70% más de basura de lo que producimos a día de hoy, además de llenar los océanos con todavía más plástico (por peso) que peces.

Las infraestructuras verdes, tales como el piso permeable y los jardines infiltrantes, ayudan a controlar el agua procedente de la lluvia y alivia los sistemas de recolección de agua. Estas infraestructuras intentan imitar el proceso natural del agua a través de su recolección, su filtrado y la reducción de vertidos a los océanos, lagos, ríos, corrientes y estanques.

Fuentes:
Banco Mundial: «What a Waste 2.0: A Global Snapshot of Solid Waste Management to 2050»
www.sewerhistory.org
www.watersworthit.org
www.wef.org/resources/for-the-public/value-of-water/

Sobre Water Environment Federation

Water Environment Federation (WEF) es una organización técnica y educativa sin ánimo de lucro, que cuenta con más de 35.000 miembros individuales, 75 asociaciones miembro afiliadas y aúna a profesionales del sector del agua y su tratamiento alrededor del mundo. Desde su fundación en 1928, tanto WEF como sus miembros se han encargado de proteger la salud pública y el medio ambiente. Dada la posición líder que ejercemos en el sector, tenemos por misión conectar a profesionales, enriquecer su experiencia, concienciar del impacto y de la importancia del agua, así como proporcionar una plataforma para la innovación en el sector del agua y su tratamiento. Para saber más sobre nosotros, visita www.wef.org.

RESPECT EFFORT PASSION HEALTH FUTURE

Sobre WATER'S WORTH IT®

WATER'S WORTH IT (El agua vale la pena) es una campaña de concienciación masiva ideada por Water Environment Federation con el firme objetivo de ayudar a reflexionar acerca del valor y de la importancia del agua limpia, de la infraestructura implicada en este proceso, del trabajo crucial que desarrollan los profesionales del sector y de la necesidad de que todo aquel que utilice agua deba ayudar a preservarla para nuestro presente y futuro. Necesitas agua y el agua te necesita a ti. Para saber más sobre este proyecto y descargar el video ¿Por qué el agua vale la pena?, visita www.WatersWorthIt.org.

CPSIA information can be obtained
at www.ICGtesting.com
Printed in the USA
LVHW070759100820
662797LV00002B/14